NOTICE NÉCROLOGIQUE

DE

J.-M. ÉLÉOUET,

MÉDECIN VÉTÉRINAIRE

Chevalier de la Légion d'honneur.

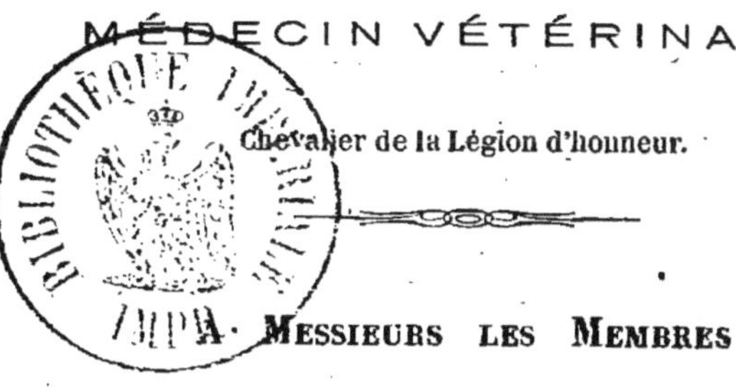

MESSIEURS LES MEMBRES

DE LA

Société Impériale et Centrale de Médecine-Vétérinaire

MORLAIX

IMPRIMERIE DE JULES HASLÉ.

— 1870. —

NOTICE NÉCROLOGIQUE

DE

J.-M. ÉLÉOUET, Médecin-Vétérinaire,

Chevalier de la Légion d'honneur.

A MESSIEURS LES MEMBRES

DE LA

SOCIÉTÉ IMPÉRIALE ET CENTRALE DE MÉDECINE-VÉTÉRINAIRE

« Messieurs,

» Je viens remplir près de vous, une douloureuse et pénible mission; je viens vous faire connaître la mort de M. Éléouët, médecin-vétérinaire, chevalier de la Légion d'honneur et l'un des six Membres associés nationaux de la Société Impériale et Centrale de médecine-vétérinaire de France.

» Éléouët est mort, à Landivisiau, le 11 novembre dernier, après deux mois de cruelles souffrances.

» Vous rappeler son existence, Messieurs, s'est vous retracer la vie d'un homme de bien dont le but a été, sans cesse, l'intérêt et l'honneur de la profession qu'il avait choisie. D'un caractère toujours égal, d'un abord facile, d'une activité à toute épreuve, Éléouët s'était crée de bonne heure une réputation immense qui ne s'est jamais démentie, et l'une des belles clientèles de la province. Travailleur infatigable, il n'a cessé, un seul instant, malgré les nombreuses exigences de sa profession, de consacrer tous ses loisirs à la science vétérinaire qu'il aimait par dessus tout; de faire participer ses confrères aux fruits de ses travaux qu'il se plaisait à publier; de faire profiter les cultivateurs de son expérience en agriculture; de faire progresser, enfin, cette dernière science par tous les moyens possibles.

» Fils d'un simple ouvrier maréchal, Jean-Marie Éléouët entra à l'école d'Alfort en 1825. Sorti en 1829, muni de son diplôme, il vint se fixer à Morlaix, sa ville natale, où il eût à soutenir, pour débuter, la concurrence terrible d'un empirique dont la réputation, alors, était immense. Son courage, dans ce pénible début, fut à la hauteur des difficultés qu'il eut à surmonter; il ne faillit pas à la tâche, et quelques années plus tard, il était ce que tout le pays l'a connu depuis, le laborieux praticien, l'infatigable vétérinaire dont toute la vie a été consacrée à sa profession.

» Peu de temps après sa sortie de l'école, en 1834, Eléouet eut à combattre une épizootie charbonneuse qui ravageait les environs de Morlaix. Nommé par M. le Sous-Préfet pour étudier les causes de cette redoutable maladie et les moyens sanitaires à employer pour l'arrêter, il publia, en 1835, sous le titre : *Etudes sur les maladies charbonneuses et le typhus chez les animaux domestiques*, le résultat de ses observations. Ce fut son premier travail.

» N'ayant reçu qu'une instruction élémentaire, il dut éprouver au début une difficulté que les personnes habituées à écrire ne connaissent pas ; et si ses premières publications se ressentent de cette instruction primitive, les travaux qu'il publia plus tard sont marqués à l'empreinte d'une grande érudition. Il ne se rebuta cependant pas.

» Prévoyant d'avance l'activité incroyable dont il devait faire preuve plus tard, il s'amusait, le soir, rentré chez lui à rédiger le travail de chaque jour, s'accoutumant ainsi à développer ses idées et à les transcrire avec aisance.

» A cette époque, Messieurs, les publications vétérinaires n'étaient pas nombreuses et Eléouet comprit, de bonne heure, qu'il était du devoir de chaque praticien de coopérer à l'œuvre commune et de faire partager à ses confrères les observations remarquables ou curieuses que chaque vétérinaire peut rencontrer dans sa pratique.

» Il publia successivement :

Typhus chez les animaux domestiques. (Morlaix 1835).

Considérations générales sur les races équestres et sur la race bovine dans le département du Finistère, et sur les moyens à mettre en usage pour améliorer leurs races.

Considération sur l'état des étalons royaux dans les quatre stations de l'arrondissement de Morlaix et sur le nombre de juments qui ont été saillies par eux pendant la monte de 1837. (Brest 1837.)

Réflexions sur l'article 3 de la loi du 20 mai 1838, concernant les animaux domestiques et sur les effets nuisibles que cet article pourrait apporter dans le commerce de ces animaux dans les pays d'élèves. (Morlaix 1838.)

Jurisprudence vétérinaire. Application des articles 1641 et suivants du Code civil au commerce des animaux domestiques. (Morlaix 1838.)

Projet (manuscrit) *d'un nouveau règlement pour la Société centrale d'agriculture de l'arrondissement de Morlaix, avec l'exposé des motifs.* — Lu dans la séance du 5 mai 1838.

» Divers articles publiés dans les *Annales de la Société vétérinaire du Finistère et des Côtes-du-Nord*, entre autres :

Rapport sur les travaux de la Société vétérinaire du Finistère et des Côtes-du-Nord pendant l'année 1839.

Encéphalité observée sur deux veaux. (1839).

Traité sur les vices rédhibitoires. (1839).

Rapport sur les travaux de la même Société en 1840.

Cystocèle observé chez un poulain de huit jours. — Guérison, etc. (1840).

Trois observations de l'extirpation complète du globe de l'œil sur le chien (1840).

Traité sur les vices rédhibitoires. — Deuxième article (1840).

Maladies non réputées contagieuses et qui donnent lieu à l'action rédhibitoire (1840).

Travaux de la même Société pendant l'année 1841.

Renversement de l'utérus chez une vache. (1841).

Entéro-hydrocèle énorme chez un poulain de trois ans. — Réduction. Guérison. (1841).

Traité des vices rédhibitoires. — Troisième article (1841).

Considérations sur l'exercice de la médecine vétérinaire en France (1841).

Des haras dans le département du Finistère depuis 1667 jusqu'à nos jours. (1842).
Traité des vices rédhibitoires. — Quatrième article (1842).

» Pendant les années 1843 , 1844 , Eléouet publia divers travaux parmi lesquels un *Projet de loi sur l'exercice de la Médecine et de la Chirurgie vétérinaires en France.*

» En 1845, 1846 son mémoire B *Dans quelles races de chevaux doit-on choisir les reproducteurs mâles pour croiser et améliorer les races du Finistère et des Côtes-du-Nord ?* recevait la médaille de vermeil.

Extirpation complète du globe de l'œil chez une vache. (1846).
Considérations sur la contagion de la morve.

» *La Statistique générale agricole de l'arrondissement de Morlaix* qui lui demandait sept années de recherches longues et pénibles, sept années de patience extrême, ouvrage que peu d'hommes auraient eu le courage de mener à bonne fin.

Des Assolements dans l'arrondissement de Morlaix. (2 janvier 1855.)
De la culture et de l'usage du panais dans l'arrondissement de Morlaix. (Mars 1856).
Améliorations des races équines. (1856).
Rapporteur d'un *Mémoire adressé par la Société d'agriculture de Morlaix au Ministère de l'Agriculture et du Commerce.* (1857).
Deux Rapports à la Société d'agriculture de Morlaix. (1860).

» Sans compter les nombreux travaux qu'on trouve de lui dans un grand nombre de publications agricoles et vétérinaires; dans l'*Encyclopédie agricole de Moll et Gayot*; dans le *Recueil de Médecine vétérinaire*; dans la *Clinique vétérinaire*; dans le *Journal des Vétérinaires du Midi* (entre autres articles, dans ce dernier, un travail fort remarquable sur l'*Empirisme et l'exercice de la Médecine vétérinaire en France*); dans les divers journaux du département du Finistère ; dans les *Bulletins de la Société d'agriculture de Morlaix,* etc.

» On le voit, par ces travaux, malgré les exigences d'une clientèle importante ; dirigeant deux ateliers de maréchalerie dans différents quartiers de Morlaix; maître de poste de la même localité; exploitant lui-même une ferme de trente hectares, Eléouet sut, quand même, apporter sa part à l'édifice commun et trouver le temps de publier de nombreux et importants travaux.

» Comprenant combien se rattachent de près l'agriculture et la Vétérinaire, il consacra tous les moments dont il pouvait disposer à exploiter la ferme de Kergompès, près Morlaix, dont il s'était rendu acquéreur en 1853.

» *Le premier, dans le département du Finistère, il transforma les terres à ajoncs et à bruyères en prairies hautes et sèches;*
» *L'un des premiers, dans l'arrondissement, il draina et défricha des terres marécageuses et incultes qu'il rendit arables;*
» *Le premier, dans son pays, il a conseillé et mis en pratique l'assolement alterne, le roulage des céréales en mars, l'emploi du purin pour l'arrosement des terres;*

» *A introduit dans la culture locale plusieurs variétés de céréales et de plantes fourragères ;*

» *A apporté de nombreux perfectionnements dans les labours et les différentes cultures ;*

» L'un des premiers, enfin, il donna l'impulsion aux cultivateurs du pays, action bien méritoire, s'il en fût ; car à cette époque la position de fortune du paysan breton ne lui permettait pas de tenter des essais qui auraient pu n'aboutir qu'à un résultat négatif ; et dire combien il dépensa de patience, de fatigue, de temps et d'argent pour faire entrer les retardataires, les routiniers, dans la voie du progrès serait chose impossible.

» Plusieurs fois lauréat des Sociétés d'Agriculture ; du Ministère de l'agriculture, du commerce et des travaux publics ; du Concours ouvert par la Société royale et centrale d'agriculture (médaille d'or, 12 juillet 1841, donnée par le Préfet, à la Martyre) ; de la Société d'agriculture de Morlaix (médaille d'argent, 1841) ; de l'Association bretonne (médaille d'argent, session de Brest, 1855) ; de la Société statistique cantonale (médaille de 2me classe, 1857) ; premier prix pour l'entretien des fermes (1861) ; Eléouet était constamment à la recherche des innovations agricoles, et rien ne lui plaisait autant que de raconter aux cultivateurs chez qui il était appelé chaque jour, le résultat des expériences auxquelles il s'était livré, le parti qu'ils pouvaient retirer de leurs exploitations ; les avantages, les inconvénients de tel mode de culture, etc., etc. ; chacune de ses visites était une leçon d'agriculture quand elle n'était pas une aumône chez les indigents.

» Je ne parlerai pas de sa carrière administrative. Qu'il me suffise de dire que pendant les moments difficiles de 1848, il fut nommé premier Adjoint au Maire de Morlaix, remplissant les fonctions de Maire. Les journaux de cette époque ont enregistré la noble conduite de ce courageux citoyen se rendant au milieu des émeutes et apaisant le tumulte par cette voix aimée du peuple d'où il était sorti. C'est cette même année, 1848, qu'il créait *la Société amicale d'Emulation et de Prévoyance de Morlaix.*

» Il se démit de ses fonctions, en 1849, pour remplir, de 1862 à 1866, les charges de premier Adjoint au Maire.

» Une vie si utile, si dévouée, si remplie ne devait pas rester sans récompense. En 1858, à l'occasion du voyage de l'Empereur en Bretagne, sa Majesté désirant laisser un souvenir de son passage aux hommes les plus méritants, Eléouet fut choisi en même temps que son compatriote et ami Bernard Breton, agriculteur à Saint-Thégonnec et l'un des premiers parmi les vétérinaires civils, il reçut du Chef de l'Etat le titre de chevalier de l'ordre impérial de la Légion d'honneur.

» Son condisciple Renault, mort Inspecteur général des écoles vétérinaires de France, vous fit savoir par la voie du Recueil de Médecine vétérinaire combien était digne de l'honneur qu'il venait de recevoir le modeste patricien, le laborieux vétérinaire dont toute l'existence se résumait dans ces mots : *être utile aux autres*.

» Au mois de septembre 1867, fatigué d'une existence si pénible, Eléouet se retira à Landivisiau. Mais dans cette ville aussi, au lieu du repos, de la vie calme et paisible qu'il y croyait rencontrer, le travail vint encore le relancer. Vieilli par les rudes épreuves du métier, ses forces n'é- taient plus à la hauteur de son courage; mais, malgré les fatigues sans nombre qu'il supportait si vaillamment, Eléouet ne put quand même se résigner au repos. Dans l'espace de deux années, il se créait dans cette petite ville, une clientèle déjà considérable et ce ne fut que vaincu par l'âge, trahi par ses forces que ce brave champion de la science vétérinaire tombait pour ne plus se relever.

» Le 11 septembre 1869, se déclarait une violente infla- mation intestinale dont il ressentait les symptômes depuis quelque temps déjà. Cette vigoureuse nature, affaiblie par tant de travaux, épuisée par tant de fatigues ne put résister à cette grave maladie; et le 11 novembre 1869, à six heures du matin, la mort terminait cette glorieuse exis- tence.

» Si une consolation était possible, si quelque chose pouvait adoucir la douleur immense de sa famille, c'était cette mort si douce, si calme si paisible et telle que doivent l'éprouver les natures droites et les consciences pures; cette mort, récompense de ceux qui ont rempli sur terre les devoirs d'un bon père, d'un honnête citoyen et d'un homme tout dévoué à son pays. Eléouet, Messieurs, a eu une fin bien digne d'envie : il s'est éteint doucement, tranquillement, sans effort, sans lutte, entre les bras de sa femme et de tous ses enfants réunis autour de lui.

» Ses obsèques ont eu lieu le 12 novembre, à dix heures du matin, à Landivisiau d'abord ; puis le corps a été trans- porté à Morlaix, et à trois heures de l'après midi une foule nombreuse le conduisait à sa demeure dernière. M. Tilly, maire de Morlaix, M. le comte Auge de Guernisac, prési- dent de la Société d'agriculture de la même ville, M. Fré- bourg ancien maire de Morlaix, tous trois chevaliers de la Légion d'honneur et M. Morel, médecin vétérinaire tenaient les quatre cordons du poël.

» M. Tanguy, médecin - vétérinaire, à Landerneau a rendu en ces termes hommage à sa mémoire.

« Messieurs,

» Au nom des vétérinaires de Bretagne, je viens adresser un dernier adieu à notre confrère, M. Eléouet.

» Enfant du peuple, comme chacun d'entre nous, Eléouet s'éleva par l'intelligence, par l'étude, par le travail aux premiers rangs du corps vétérinaire français. Il fut notre précurseur dans les voies de la science et du progrès; il y reste notre guide et notre modèle à tous.

» Ce que fut l'homme, ce que fut le citoyen, je n'ai pas à vous le dire, à vous Messieurs, dont il était le compatriote dévoué. Vous l'avez connu à l'œuvre, à la tète de la municipalité de Morlaix, dans les jours difficiles de 1848; vous l'y avez revu plus tard encore, l'un des membres influents du corps dirigeant de la cité, et tous vous pouvez, mieux que personne, apprécier la valeur dont il fit preuve dans ces diverses circonstances.

» Elève de la célèbre Ecole d'Alfort, où il se rencontra avec les Renault, les Gayot, les Richard (du Cantal), et toute cette génération de savants qui a élevé si haut le niveau des sciences vétérinaires et zootechniques, Eléouet en sortit en 1829, pour revenir immédiatement dans son pays natal exercer la médecine des animaux domestiques.

» On peut dire, Messieurs, qu'à dater de ce moment et pendant les quarante années qui suivirent, il ne faillit pas un seul instant aux devoirs que lui imposait l'exercice de sa profession, sous le double point de vue de la pratique et de la science.

» Appliquant toutes ses facultés à l'étude des maladies épizootiques, nous le trouvons de 1835 à 1838, laborieusement occupé de la recherche des causes et des moyens préservatifs de la cachexie aqueuse des moutons, de la fièvre typhoïde et des affections charbonneuses de l'espèce bovine, si fréquentes encore, hélas! dans notre pays, si désastreuses et si redoutables pour l'homme lui-même.

» Son attention sans cesse en éveil, se reportait en même temps, avec diligence, sur ces terribles et épouvantables maladies du cheval, dont chacun de vous, Messieurs, a sans doute entendu parler souvent, et dont les cas très-fréquents alors, se sont, grâce à Dieu, considérablement réduits, s'il n'ont pas encore entièrement disparu depuis l'avénement des chemins de fer.

» Toujours préoccupé de garantir nos populations rurales et urbaines contre ces grands fléaux, causes de tant de ruines et de désolations, Eléouet devient, en 1839, le fondateur et le secrétaire perpétuel de la Société vétérinaire du Finistère et des Côtes-du-Nord, Société qui, dans sa trop courte existence, n'a pas laissé de jeter quelque éclat par les nombreux et importants travaux qu'elle vit éclore, par le mouvement scientifique et agronomique très-remarquable dont, à cette époque, elle provoqua l'essor dans toute la Basse-Bretagne.

» C'est à ce moment aussi, c'est vers 1840, qu'il songe à jeter les premières bases de ce grand et beau travail qui va lui demander sept années d'étude, de méditations, de recherches; sept années d'efforts incessants, de dépenses considérables et d'application soutenue; sept longues années enfin, au bout desquelles il mettra au jour ce magnifique écrit intitulé : *Statistique générale agricole de l'arrondissement de Morlaix*; et en tête de ce livre, il pourra dire avec un noble orgueil et une légitime satisfaction, que « si l'on » parvenait à en établir une pareille pour tous les arrondissements, on aurait la plus belle histoire agricole de toute » la France. »

» Par cette œuvre considérable, par ce vrai travail de bénédiction, nous voyons, Messieurs, qu'en même temps qu'il s'adonnait avec une ardeur incomparable aux progrès et à l'avancement des sciences médicales et vétérinaires, Eléouet se préoccupait, avec la plus grande sollicitude, de l'avenir agricole de son pays. Déjà membre correspondant de la Société impériale et centrale d'agriculture de France, de la Société médicale-vétérinaire de Londres et d'un grand nombre d'associations scientifiques et agronomiques de la province, son haut mérite comme agriculteur autant que comme vétérinaire, l'appelait à devenir bientôt l'un des six élus membres nationaux associés de la Société impériale de médecine-vétérinaire.

» Mais un plus grand honneur, une récompense plus belle encore lui étaient réservés. L'étoile des braves devait un jour décorer sa poitrine. En 1858, lors du voyage impérial en Bretagne, le vieux laboureur de Saint-Thégonnec, Bernard Breton, et l'humble vétérinaire de Morlaix, Jean-Marie Eléouet, recevaient, tous les deux ensemble, la croix de Chevalier de la légion d'honneur, des mains même de l'Empereur.

» Ah! quel moment ce dut être, ce jour-là, pour Eléouet, quand le soir venu, laissé à lui-même, seul avec lui-même en face de son passé, le pauvre enfant du peuple, grandi par l'étude, par le travail, par le dévouement au bien public, put mesurer toute la distance parcourue depuis ses débuts dans la vie! Ah! qui donc aurait jamais osé lui prédire alors qu'un jour viendrait où la croix d'honneur, cette marque de distinction si noble, si enviée des grands de la terre, et en vérité si enviable aussi, brillerait sur sa poitrine, à lui, le fils obscur de l'artisan, à lui qui n'avait ni la naissance, ni la fortune, ni les emplois publics, ni rien enfin de ce qui peut faciliter à l'homme l'accès des honneurs d'ici-bas!

» Mais s'il n'eut rien à son point de départ, il sut conquérir, chemin faisant, le prestige irrésistible des nombreux et brillants services gratuits de toutes sortes rendus à la science et au pays, et vraiment au grand jour des récompenses nationales, il ne pouvait être oublié, car il en avait bien assez fait pour justifier amplement cette suprême distinction.

» Nous nous souvenons encore, Messieurs, de l'accueil unanimement sympathique que l'opinion publique, en Bretagne, fit à cette double nomination de légionaires conférée à nos deux compatriotes de Saint-Thégonnec et de Morlaix.

Chacun parmi nous surtout, vétérinaires du pays breton, ressentit à cette annonce, la joie la plus vive, la satisfaction la plus complète et prit sa part de l'insigne honneur qui était fait à notre laborieuse et utile profession, dans la personne de l'un des nôtres, dans la personne du plus méritant d'entre nous.

» Mais aujourd'hui, au bord de cette tombe qui va tout-à-l'heure se fermer pour toujours, que sont devenus ces honneurs et ces distinctions?... Néant, que tout celà! néant! Il n'y a plus, Eléouet, il n'y a plus ici que le souvenir toujours vivant de vos éminents services, de votre patriotisme, de votre amour du pays natal, de vos vaillants efforts; en faveur du progrès agricole et en faveur de votre profession que vous avez tant aimée. C'est ce souvenir, c'est cette pensée que chacun de vos confrères conservera précieusement au cœur pour s'aider dans la vie, pour se soutenir dans la lutte, pour se guider dans la voie que vous nous avez tracée par vos exemples et par vos travaux.

» Adieu donc, cher confrère, adieu! ou plutôt, non! pas adieu, mais au revoir.

» Au revoir, au-delà de la mort! Au revoir, dans la résurection et dans la vie par-delà le tombeau!...

Eléouet était l'un des premiers vétérinaires qu'une distinction honorifique telle que la croix de la Légion d'honneur soit venue chercher chez lui et rendre justice à ses travaux, à ses talents, à ses services. Il était l'un des *six membres associés nationaux de la Société impériale et centrale de médecine vétérinaire; fondateur et secrétaire perpétuel de la Société vétérinaire des départements du Finistère et des Côtes-du-Nord; membre honoraire de la Société médicale vétérinaire de Londres; de la Société de médecine vétérinaire et comparée du département de la Seine; des Sociétés vétérinaires du Calvados et de la Manche; des départements de l'Ouest; du département de l'Hérault; membre titulaire de la Société d'agriculture de Morlaix; membre correspondant de la Société impériale et centrale d'agriculture; de la Société d'agriculture, sciences, arts et belles-lettres de Bayeux; de la Société d'agriculture de l'arrondissement de Brest; membre correspondant de la Société de sciences et arts de Rennes; secrétaire de la Commission hyppique de l'arrondissement de Morlaix; membre du Conseil d'hygiène de la même ville depuis sa fondation; membre de l'Académie nationale agricole, manufacturière et commerciale; médecin des épizooties de l'arrondissement de Morlaix; etc., etc.* Mais le titre le plus glorieux qu'il sut conquérir, c'est l'estime de tout le monde et l'affection la plus sincère et la plus profonde de tous ceux qui l'ont connu de près.

Décembre 1869   LECOZ.

1870 — Morlaix, typ. de J. Haslé.